GEORGES DEVIN

GEORGES DEVIN

Naissance, 17 septembre 1869.

Baptême, 18 septembre 1869.

Entrée à l'École Massillon, 1er mars 1880.

Première communion et confirmation, 5 mai
1881.

Entrée à Juilly, Pâques 1882.

Derniers sacrements, 10 juillet 1884.

Mort, 11 juillet 1884.

La famille, les maîtres, les amis de Georges Devin, nous ont demandé de faire imprimer l'allocution prononcée par le R. P. Marchal, le 13 juillet, au matin du jour des funérailles de ce cher enfant.

Il nous est doux de nous rendre à ces désirs; car l'espoir de perpétuer ainsi le souvenir bienfaisant de cette âme qui nous était si chère est pour nous une grande consolation.

Naissance, 17 septembre 1869.

Baptême, 18 septembre 1869.

Entrée à l'École Massillon, 1er mars 1880.

Première communion et confirmation, 5 mai
1881.

Entrée à Juilly, Pâques 1882.

Derniers sacrements, 10 juillet 1884.

Mort, 11 juillet 1884.

La famille, les maîtres, les amis de Georges Devin, nous ont demandé de faire imprimer l'allocution prononcée par le R. P. Marchal, le 13 juillet, au matin du jour des funérailles de ce cher enfant.

Il nous est doux de nous rendre à ces désirs; car l'espoir de perpétuer ainsi le souvenir bienfaisant de cette âme qui nous était si chère est pour nous une grande consolation.

Bienheureux ceux qui ont le cœur pur,
parce qu'ils verront Dieu. — Verrière de M. Claudius
Lavergne, consacrée à saint Louis de Gonzague.

PAROLES DU P. MARCHAL

AUX ÉLÈVES DU COLLÈGE

MES ENFANTS,

AVANT que la tombe ne se ferme sur la dépouille aimée de notre cher élève et de votre cher condisciple, laissez-moi lui rendre un dernier devoir et lui dire un dernier adieu. Laissez-moi bénir, en face des autels, sa douce et pieuse mémoire, en rappelant, pour notre édification commune, les admirables sentiments qui remplissaient son âme et qui ont sanctifié les dernières heures de sa vie.

Des fleurs et des couronnes au milieu de cet appareil funèbre, étrange et mystérieux contraste ! Quel en peut être le sens ? Y a-t-il donc ici autre chose qu'un sujet de deuil ? Oui, mes enfants, il y a ici sous nos yeux, en même temps que le sujet d'une immense douleur, le sujet d'une grande et toute chrétienne consolation.

Georges Devin était si jeune encore, et le voilà tombé, tombé pour ne plus se relever. Il y a quelques jours à peine, il était plein de vie, il était assis au milieu de vous sur ces mêmes bancs, il partageait vos travaux, vos jeux, vos rêves d'avenir. Comme vous, il tendait de toutes parts ses voiles à l'espérance ; et tout à coup le pauvre voyageur a été arrêté en chemin. Il s'est écrié avec le Prophète : « Seigneur, je sens l'étreinte d'un lion fort et puissant, le lion de la douleur, qui me brise tous les os. Vous allez couper la trame de ma vie qui s'ourdissait à peine ; je n'ai vu qu'un matin, et le soir de ma courte journée est déjà ma fin ! *De mane usque ad vesperam finies*

me! » Voilà bien la vie de l'homme ici-bas,
mes enfants ; elle passe du matin au soir,
comme l'herbe des champs ; et, durant ce

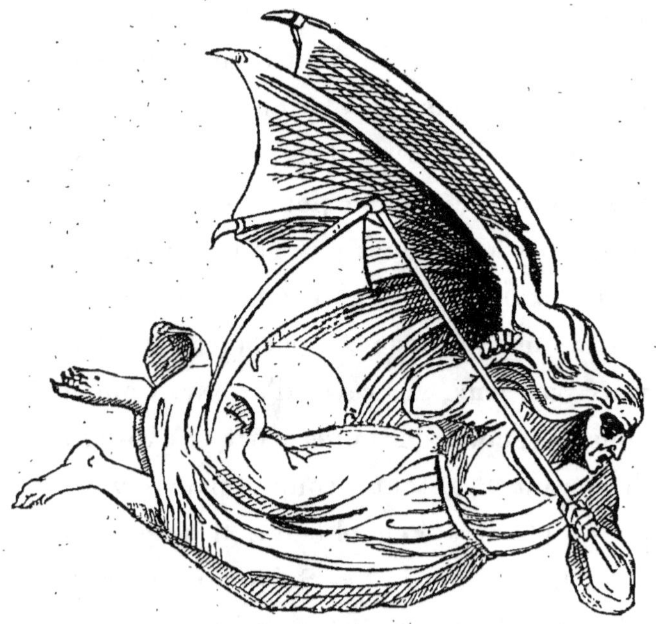

La Mort en furie.
Fresque d'Orcagna, quatorzième siècle.

court passage, que de douloureuses sépa-
rations, jusqu'à cette séparation dernière,
qui nous jette sans retour dans la terre de

★

l'effacement et de l'oubli ! C'est aujourd'hui même que ce cher enfant va subir cette suprême et amère séparation : *Siccine separat amara mors !*

Et cependant, nous voulions tant le garder au milieu de nous ; car nous l'aimions tous. Oui, vous l'aimiez vous aussi, mes enfants, et d'une amitié vraiment fraternelle. Ces fleurs que vous déposiez hier sur sa couche funèbre en étaient une preuve bien touchante. Votre communion d'hier, votre communion de ce matin, en ont été un témoignage plus éloquent encore. En vous voyant ainsi agenouillés près de ces restes bénis et au pied de l'autel, en vous voyant pleurer sur votre jeune frère et prier pour le repos de son âme, je me disais, comme autrefois les Juifs en présence de Jésus pleurant au tombeau de Lazare : « Voyez donc comme ils l'aimaient ! *Ecce quomodo amabat eum !* »

Ah ! oui, nous aimions cet enfant et nous

voulions le sauver à tout prix. Que d'ardentes supplications ont monté vers le Ciel pour demander sa guérison! Que de voix amies ont jeté, de l'autel même, jusqu'au Cœur du divin Maître ce cri de détresse que Marthe et Madeleine jetaient à Jésus pour sauver Lazare mourant : « Maître, celui que vous aimez est malade! Venez; si vous le voulez, vous pouvez le guérir. » Plus pénétrant encore était le cri du cœur du pauvre père et de la pauvre mère. Nous avions sous les yeux la muette douleur et les larmes de la veuve de Naïm! Il semblait que tant de prières et de douleur dussent fléchir le Ciel, et le mal continuait ses progrès! Nous espérions cependant encore, nous espérions que des restes vénérés, qui reposent non loin d'ici[1], sortirait une vertu

1. Les restes du P. de Condren, fondateur du Collége, mort, en 1641, en odeur de sainteté, apportés à Juilly le jour même où se déclarèrent les premiers symptômes de la maladie qui devait emporter Georges.

divine, qui arracherait à la mort l'enfant bien-aimé et mettrait sur nos lèvres le cantique d'action de grâces. Le grand serviteur de Dieu n'a pas répondu aux brûlants appels de notre foi ni au cri de notre dernière espérance.

Pourquoi donc tant de prières et tant de larmes sont-elles demeurées stériles? Pourquoi la mort a-t-elle frappé quand même, et dans son printemps, une existence si chère que nous lui disputions avec des efforts désespérés ? Mes enfants, c'est la Sagesse divine qui va répondre elle-même. Écoutez et comprenez bien qu'il y a sous ces fleurs et sous ces parures funèbres autre chose qu'un sujet de tristesse. Écoutez donc : « *Placita erat Deo anima illius; propter hoc properavit educere illum de medio iniquitatis* (Sap.). Son âme était agréable au Seigneur, et voilà pourquoi le Seigneur s'est hâté de le retirer du milieu de l'iniquité. » — « Il l'a enlevé cet enfant chéri,

continue le texte sacré, par une mort préma-
turée, de peur que son esprit ne fût perverti
par la malice des impies et que les appa-

Jésus-Christ, sous la figure de l'aigle au nimbe crucifère,
retire l'âme fidèle des séductions du monde.
Gravure du *Cantique des cantiques*, quinzième siècle.

rences trompeuses des faux biens de ce
monde ne vinssent à séduire et à perdre
son âme pour toujours. »

Quel langage, mes enfants! Il faut donc que le monde soit bien dangereux et bien mauvais! Dieu en a peur pour ses élus! Voyez avec quelles mystérieuses précautions il préserve les âmes qu'il honore d'une particulière tendresse. Et cette jeune âme était du nombre. Voilà pourquoi il l'a frappée d'un coup terrible et miséricordieux : *Severa misericordia, sed misericordia !* dit saint Augustin. Oui, le Seigneur craignait pour cet enfant le contact du monde ; il craignait pour la pureté de son cœur le souffle contagieux du vice, et voilà pourquoi il s'est hâté de le retirer du milieu de l'iniquité. Il l'a mis au plus vite au séjour de sa gloire et de son bonheur. *Propter hoc properavit educere illum de medio iniquitatis !*

Qu'y avait-il donc, dans cet âme d'enfant, qui la rendît si agréable à Dieu, et qui lui méritât une telle prédilection? A la surface, il avait ses défauts comme tant

d'autres : l'étourderie, l'irréflexion, la légè-
reté de son âge. Mais sous ces apparences
infirmes, un regard expérimenté découvrait
bien vite un véritable trésor caché.

La Charité élève son cœur vers Dieu qui le prend
des deux mains.
Fresque de Giotto, quatorzième siècle.

Il y avait d'abord dans cet enfant un
don que Dieu aime par-dessus tout, et
qu'il veut voir fructifier dans sa créature,
avant de la combler de ses meilleures bé-

nédictions. Il y avait dans cet enfant du cœur, un excellent cœur, un cœur reconnaissant, aimant et délicat dans sa tendresse! Aux heures de ses crises les plus douloureuses, dans la matinée du jeudi, quand le calme revenait un peu, ce pauvre enfant ne songeait qu'à une seule chose, remercier le Père qui le gardait et qui s'efforçait, hélas! en vain, de le soulager de son mieux. Il lui disait avec un accent inexprimable, qui allait au fond de l'âme : « Mon Père, que vous êtes bon! Que vous êtes bon! » Et le soir, après une journée si longue et si accablante, il n'avait rien oublié. Il redisait encore! « Père, vous avez été bien bon pour moi ce matin! »

Malgré ses souffrances, il pensait à ses camarades absents et à ses amis. Comme il avait le pressentiment de sa fin prochaine, il demanda à serrer la main du plus cher de ses condisciples et à lui dire adieu. Mais les crises étaient si terribles que le Père le pria d'attendre qu'il fût un peu mieux. Il se résigna. Vous lui rendiez bien cette affection, mes enfants ; vous aussi, vous demandiez à voir votre frère malade, et tous vous avez tant prié et pleuré pour lui !

Dans l'après-midi du jeudi, le mal, sous l'action des remèdes, avait adouci ses rigueurs. Le pauvre petit avait presque retrouvé l'entrain habituel de sa conversation. Le Père qui était présent l'engagea à garder le silence pour éviter la fatigue. « Vous avez raison, mon Père, lui dit-il ; maman va venir, il faut que je me réserve pour causer avec elle ! »

Dans la soirée, quand le danger était plus pressant et que le dernier coup semblait imminent, la pauvre mère, debout au chevet du malade, se détourna un peu pour donner libre cours à ses larmes. Le pauvre enfant s'en aperçut, et oubliant tout à coup ses horribles souffrances, il ne songea plus

qu'à consoler sa mère, et, avec un accent
qu'on ne peut rendre, il lui fit ce doux re-
proche de la plus délicate tendresse :
« Maman, tu pleures ! » Et aussitôt la
pauvre mère refoula dans son cœur brisé
ses larmes amères, qui cependant la soula-
geaient un peu. Elle fit un suprême effort
sur sa douleur, pour ne point contrister
davantage le cœur de son enfant. Et dans
une autre circonstance, l'enfant s'aperce-
vant que sa mère pleurait encore étreignit
avec force la main du R. P. Supérieur,
comme pour lui demander une dernière
faveur. « Mon Père, mon Père, je vous en
conjure, s'écria-t-il, ne laissez point pleurer
ma mère ! »

Oui, cet enfant avait du cœur, un excellent cœur. Il aimait véritablement son père
et sa mère, de cet amour tendre, délicat et
parfait, auquel le Seigneur, en maint passage de nos Écritures, a promis ses meilleures bénédictions dans ce monde et dans

l'autre. Voilà pourquoi son âme était agréable au Seigneur, et voilà pourquoi le Seigneur s'est hâté de la retirer du milieu de l'iniquité !

La Foi, principe de toutes les bonnes œuvres.
Fresque de Raphaël, seizième siècle.

Ce qui rendait cet enfant si agréable à Dieu, c'était non seulement son bon cœur, c'était encore sa foi. Oui, il avait beaucoup de foi, une foi vive et courageuse. Sa courte et cruelle maladie n'a été en quelque sorte

qu'un acte de foi. Nous ne nous lassions
pas de l'admirer. Dès le jeudi matin, comme
il ne pouvait prendre part à la touchante
fête de famille [1] qui nous réunissait dans
cette chapelle, il voulut s'y associer de son
lit de douleur, et il se confessa avec une
particulière dévotion. Sans doute, la pensée
d'une mort prochaine lui inspirait cet élan
de piété. Il en avait le secret pressentiment et il ne le cachait point. Dans l'après-
midi, à l'arrivée de sa mère accourue à la
nouvelle du danger, l'une de ses premières
paroles fut celle-ci : « Maman, je me suis
confessé ce matin, je suis bien content, je
suis prêt à tout. » Oui, ce cher enfant était
prêt, il le prouvera bientôt.

Déjà il l'avait prouvé par son admirable
résignation durant cette matinée du jeudi,
dont les crises terribles et multipliées avaient
fait un long martyre et comme une pre-

1. En l'honneur du P. de Condren.

mière agonie. « C'est horrible, mon Père,
disait-il, ce que je souffre ! sauvez-moi
donc ! sauvez-moi ! — Allons, mon enfant, lui disait le Père, tâchez de vous con-
tenir un peu, peut-être trouverez-vous
quelque soulagement. — Oh ! mon Père,
c'est impossible, c'est plus fort que moi ! »
La science déclare en effet que les volontés
les plus robustes ne peuvent rien contre les
terribles secousses de ce mal sans remède.
Le Père, alors, faisant appel à la foi du malade, lui disait : « Eh bien ! mon enfant,
pour le bon Dieu, un effort seulement ! —
Eh bien ! oui, mon Père, je vais essayer. »
Et l'héroïque enfant, pour le bon Dieu,
domptait un instant l'indomptable douleur.

Quand le soir fut venu, le mal avait fait
de rapides et d'effrayants progrès, et la dernière espérance humaine était tombée. La
science avait avoué son impuissance. Il n'y
avait plus d'espoir que du côté de Dieu. On

proposa alors au cher malade les derniers
secours de l'Église. A cette grave proposi-
tion, qui était un avertissement de l'heure
suprême, l'enfant fut admirable de foi et de
courage. « Voulez-vous, mon enfant, lui dit
le R. P. Supérieur, que je vous apporte le
sacrement de l'extrême-onction ? — Oh !
oui, mon Père, bien volontiers ! » Et quand
Notre-Seigneur, dans la personne du prêtre,
comme autrefois le bon Samaritain, se fut
approché de ce cher enfant blessé à mort,
et qu'il se fut penché sur ses plaies, pour
y verser l'huile sainte qui adoucit, le pauvre
blessé répondit aux prières du prêtre avec
une touchante piété, malgré les atroces
souffrances qui continuaient toujours. A un
certain endroit du cérémonial, le prêtre,
après avoir commencé le Pater, devait l'a-
chever à voix basse. L'enfant alors continua seul d'une voix défaillante, entrecoupée
de douloureux gémissements. On lui dit :
« Mon enfant, unissez-vous de cœur seule-

ment. » L'enfant continua encore et acheva sa prière.

Ce spectacle nous émut jusqu'aux larmes.

Dégagée de son manteau, pour être plus alerte,
l'Espérance a des ailes
et s'élance vers Dieu pour recevoir la couronne des élus.
Fresque de Giotto, quatorzième siècle.

Quelle force d'âme dans un enfant de quinze ans! Quelques jours auparavant, il était plein de santé et de vigueur. Tout à coup, il voit apparaître la mort et il l'envi-

sage sans terreur et sans trouble. Il semble
lui dire : « Me voici ! Je suis prêt. Je n'ai
rien à craindre. » A cette heure désespérée,
ce cher enfant voyait exaucée une prière
qu'il avait faite dans le courant de l'année,
et qu'il avait écrite à la fin d'une de ses
conférences religieuses. Voici cette prière
qu'il avait empruntée au livre de l'Imita-
tion : « Mon Dieu, préservez-moi du péché,
et je ne craindrai ni la mort ni l'enfer. »
Non, mon enfant, non, vous n'avez pas
craint la mort ; j'en ai été le témoin, je l'at-
teste hautement en face des autels ; c'est
un signe bien consolant pour nous, c'est un
signe certain que vous n'avez rien à craindre de l'enfer !

Que je regrette, mes enfants, de ne pou-
voir vous redire toutes ces prières qui ter-
minaient ses conférences ! J'ai voulu les
relire toutes hier, et j'ai senti, en les reli-
sant, que ces prières n'étaient point des
prières banales, tombées du bout des lèvres,

ou tracées sur le papier par une plume in-
différente ou distraite. C'étaient des prières
qui partaient du cœur, pleines de foi et
d'amour, qui méritaient d'être entendues
de Dieu. Vous conviendrez que celle qui
concernait sa mort a été bénie et magnifi-
quement récompensée.

 -Puisque je vous parle des conférences
religieuses de cet enfant, savez-vous quelle
était sa grande préoccupation depuis huit
jours? C'était la composition d'enseigne-
ment religieux. Il voulait avoir la première
place, et le soir même du jeudi, il rêvait
encore à ce succès, et faisait part de ses
désirs et de ses espérances à ses parents et
à ses maîtres. Pauvre cher enfant! bien sûr,
il n'aurait jamais encouru l'anathème que
le Seigneur a porté par la bouche de son
Prophète, quand il dit aux contempteurs de
la science divine : « Parce que vous avez
repoussé ma science, je vous repousserai à
mon tour. » Non, mon enfant, vous n'avez

pas repoussé la science de votre Dieu, vous
l'avez respectée, aimée et recherchée. Dieu
ne vous a pas repoussé ; il vous a reconnu
pour l'un des siens !

Mes enfants, un détail encore, le plus
touchant peut-être, dont j'ai été le témoin,
et le témoin bien attendri, je vous assure.
Plusieurs fois le Père approcha le crucifix
des lèvres du cher malade, en lui suggérant
l'invocation suivante : « Jésus, Marie ! Ayez
pitié de moi ! » Et on voyait le pauvre petit
porter avec une sainte avidité, sur le signe
sacré de notre Rédemption, ses lèvres dé-
colorées et à demi paralysées ; et, ne pou-
vant articuler, comme sa piété le désirait,
ces deux noms adorables et si doux à son
cœur, il recommençait et redoublait d'efforts pour achever sa touchante prière :
« Jésus, Marie ! Ayez pitié de moi ! » Ah !
j'ai compris alors qu'un père chrétien,
qu'une mère toute chrétienne, une véritable mère, avaient façonné de leurs

mains et de leur cœur cette jeune âme, et l'avaient marquée d'une empreinte à jamais ineffaçable. Oh ! bienheureux les enfants auxquels le bon Dieu donne de tels parents ! Plus heureux encore, ceux qui gardent aussi fidèlement ces divins trésors de l'éducation chrétienne, et qui les emportent intacts, comme un signe de prédestination, au tribunal du souverain Juge !

Par cet amour si tendre pour ces deux noms bénis : Jésus, Marie, notre Georges si regretté était digne de son collège. Ici, on avait continué pour lui, comme pour vous, mes enfants, de saintes traditions de famille, et il avait conservé ici le culte de ces noms sacrés, que la piété de nos pères a inscrits partout, au sanctuaire de votre chapelle, dans les plis de votre étendard, et jusque sur les murailles qui vous abritent.

Cette âme d'enfant, vous le voyez, était

une âme de foi. Il avait demandé à Dieu,
— je l'ai lu aussi dans le cahier de ses
conférences, — il avait demandé à Dieu,
par une touchante prière, de mourir dans
la foi de son père et de sa mère. C'était
donc l'âme d'un juste. Le Seigneur l'a
dit : « *Justus meus ex fide vivit.* Mon
juste vit de la foi. » Et voilà pourquoi
cette âme était agréable au Seigneur, et
voilà pourquoi le Seigneur s'est hâté de le
retirer du milieu de l'iniquité. *Propter
hoc properavit educere illum de medio iniquitatis !*

Mes enfants, quelle est maintenant la
conclusion de ce que vous venez d'entendre
et la leçon qui se dégage du spectacle que
vous avez sous les yeux ? La voici en deux
mots : la vie est courte, bien courte. Tous,
nous passons du matin au soir, ainsi que
l'herbe des champs. Pendant cet instant

rapide, nous avons à faire une grande chose, une seule chose, celle que Notre Seigneur appelle l'Unique nécessaire, *Unum necessarium*. Nous avons à nous préparer par une sainte vie à une sainte mort. Soyons toujours prêts. Il n'est point de plus pressante recommandation sur les lèvres du divin Sauveur. « Veillez, dit-il, et soyez toujours prêts ! Je vous le dis à tous : Je viendrai comme un voleur ; vous ne saurez ni le jour ni l'heure. *Nescitis diem, neque horam !* » Et Notre Seigneur ajoute encore : « Soyez prêts ; car du côté où l'arbre penche, il tombe et il demeure. » Ce cher enfant penchait du côté de Dieu ; il est tombé entre ses bras, il a été recueilli sur son cœur. C'est là, ô enfant bien-aimé, enfant du Seigneur, que je vous dis mon dernier adieu ! Je vous le dis, au nom de vos chers Parents, qui pleurent et qui espèrent en continuant de vous aimer, au nom de vos maîtres et de vos condisciples, qui garderont toujours bien fidèlement votre douce et pieuse mémoire ! Adieu donc encore une fois, enfant bien-aimé, adieu ! Nous nous retrouverons au ciel, et pour toujours !

Élu couronné par son ange.
Fresque de Luca Signorelli, à Orvieto ; quinzième siècle.

*Quand, agenouillé auprès du lit de souf-
frances où il venait de naître à la vie éter-
nelle, je fermai les yeux de ce cher enfant,
d'admirables paroles du P. Gratry me revin-
rent à la mémoire. Qu'il me soit permis de
les lui dire, au nom de tous, comme un suprême adieu :*

Meurs, ô notre bien-aimé ! meurs pour notre
salut et pour le tien, pour obéir à Dieu, pour
accomplir l'éternel mouvement de vie, pour
délivrer ton âme des filets de la nature fausse,
pour rentrer dans le sein de Dieu !

Meurs, ô notre bien-aimé, nous te suivrons
bientôt ; nous ne verrons plus ton visage pendant un temps, mais ton cœur vivra dans les
nôtres et nous l'y sentirons quelquefois tres-
saillir, comme nous le sentions ici-bas, et
mieux encore !

Soyons unis dans la mort comme nous l'avons
été dans la vie !

Que ton âme, en se recueillant, emporte un

rayon de notre âme et les prémices de notre esprit vers l'éternel repos !

Qu'un lien nous lie à toi, âme retirée du monde, et que ce lien nous dispose à mourir !

Qu'un lien te rattache à nous, à nous qui sommes dans le monde, et que ce lien maintienne avec mystère quelque chose de ton être dans la demeure des vivants jusqu'au jour du réveil.

Dors, ô notre bien-aimé, comme la semence dort sous l'écorce d'une plante fanée ; un jour tu fleuriras encore comme sous le soleil d'un nouveau printemps !

A ce dernier moment, il me sembla entendre encore Georges me répondre et me dire et dire à tous ceux qui l'ont aimé :

Je vous salue tous devant Dieu... je vous demande de prier pour moi, et j'espère que je serai auprès de vous, et avec vous, après ma mort plus que pendant ma vie !

Et à revoir, auprès du Père !

A. I.

22 *juillet* 1884.

Bienheureux ceux qui pleurent, parce qu'ils seront consolés.
Couronne de lumière d'Aix-la-Chapelle.

IMPRIMERIE PILLET ET DUMOULIN

Rue des Grands-Augustins, 5, à Paris.